AF204530

NSCH IST

STLER.

ÜNSTLER

MENSCH.

Lebenskunst:
100
unvergessliche
Erlebnisse.

ISBN: 978-3-98942-417-3

1. Auflage 2024
2024 Stay Inspired!

Versand und Vertrieb
Nova MD GmbH
Raiffeisenstraße 4
83377 Vachendorf

Text, Grafik und Illustration:
Lisa Wirth

Printed in Czech Republic
FINIDR, s.r.o.
Lípová 1965
737 01 Český Těšín

Stay
Inspired!

stayinspired.official
www.stayinspired.de

That's ME

Erfahrungen und Erlebnisse sind die Geschenke, die wir in unseren Herzen bewahren. Es sind die Momente, in denen wir abseits von Social Media ganz präsent waren, vielleicht sogar solche, die Überwindung kosteten und uns aus unserer Komfortzone holten. Manchmal bewirken solche Erfahrungen einen positiven Wandel und lenken unser Leben nachhaltig in eine bessere Richtung. Wir schalten den Fernseher aus, steigen auf unser Fahrrad und nehmen die Welt wieder bewusst wahr. Das bleibt in unserem Gedächtnis – wir brauchen kein Social Media, keinen Post. Wir sitzen mit Freunden am Lagerfeuer, jemand spielt Gitarre, wir grillen Marshmallows – das bleibt. Im Winter machen wir einen Spaziergang im Schnee, küssen unsere Liebsten im Regen – das bleibt. Was wir suchen, sind echte und nachhaltige Erlebnisse, die für immer bei uns bleiben.

Wie funktioniert es? Zu jedem Punkt hast du Platz für kurze Notizen wie Datum, Ort und alle relevanten Informationen zu dem jeweiligen Erlebnis. Bei einigen Aufgaben gibt es auch Platz für Bilder. Sollte das nicht ausreichen, kannst du die Seiten hinten im Buch für zusätzliche Notizen und Bilder nutzen. Außerdem hast du nach Abschluss deiner 100 Erlebnisse die Möglichkeit, noch 10 eigene Bucket-List-Punkte hinzuzufügen.

Viel Spaß dabei! Deine Lisa.

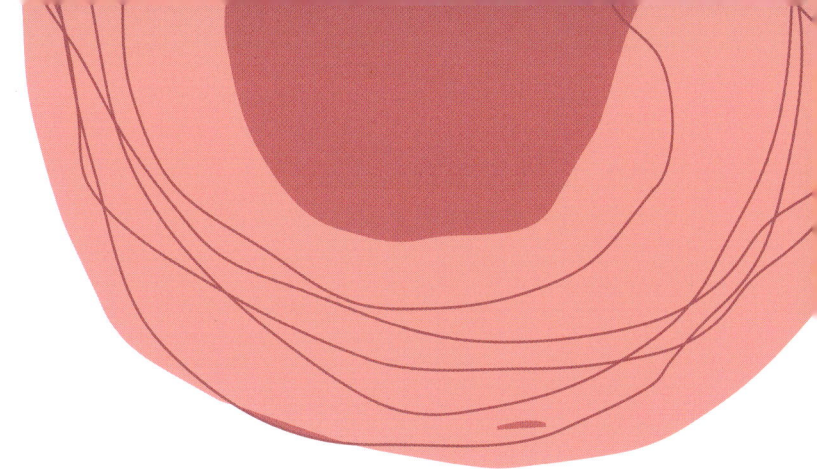

Bevor du mit diesem Buch beginnst, schreibe einen Brief an dein zukünftiges Ich. Was erwartest du von diesem Buch, und wer möchtest du gerne in der Zukunft sein? Verfasse den Brief, als ob bereits alles eingetreten wäre. Bewahre ihn an einem Ort auf, den du leicht wiederfinden kannst, oder lege ihn einfach hinten in das Buch.

Beobachte einen Sonnenaufgang oder Sonnenuntergang am Strand und notiere hier, wo, wie, mit wem und wann du ihn erlebt hast. Möglicherweise möchtest du auch ein Foto einkleben?

FOTO

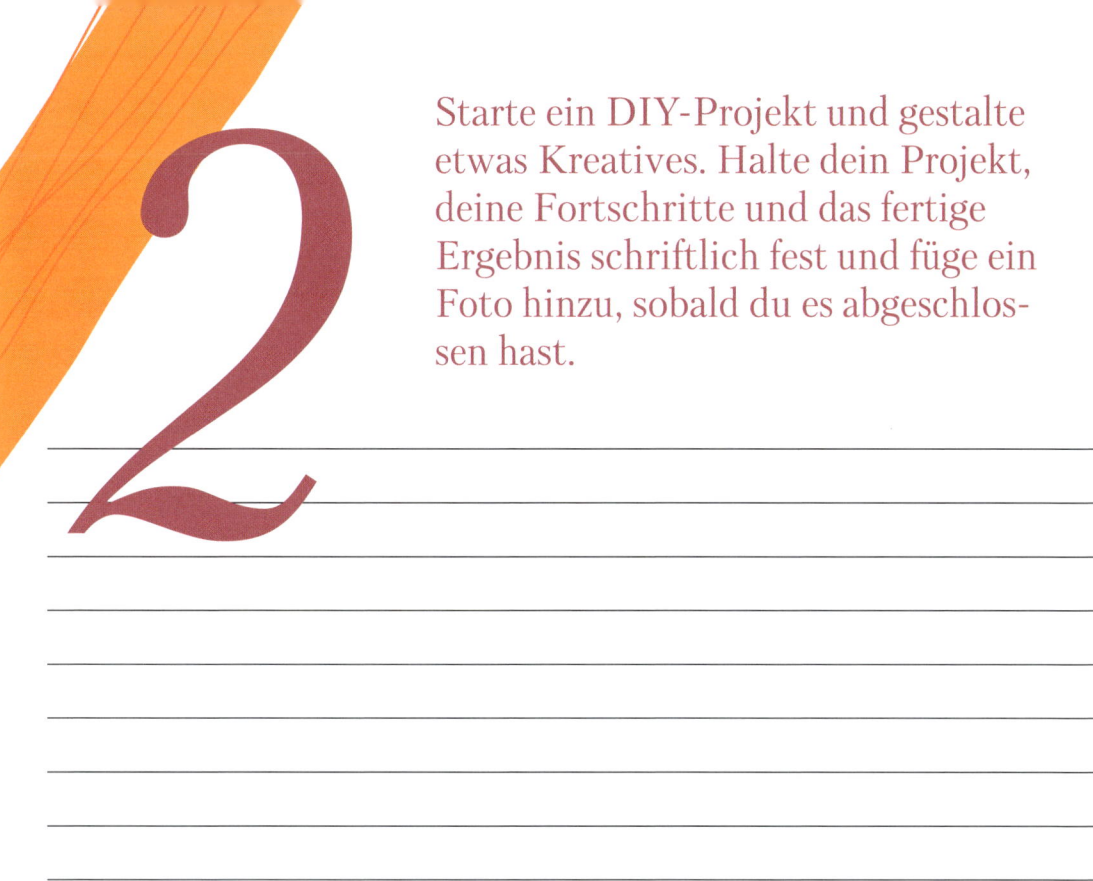

2 Starte ein DIY-Projekt und gestalte etwas Kreatives. Halte dein Projekt, deine Fortschritte und das fertige Ergebnis schriftlich fest und füge ein Foto hinzu, sobald du es abgeschlossen hast.

FOTO

3

Unternimm einen Ausflug mit
deinen besten Freunden zu einem
Thermalbad, sei es für einen Tag oder
ein ganzes Wochenende. Entspannt
euch und lasst euch verwöhnen,
während ihr gemeinsam die heilende
Kraft der Natur erlebt.

4

Mache einen Spaziergang im Regen.

_____
_____
_____
_____
_____
_____
_____
_____

Pflanze einen Baum und beobachte sein Wachstum.

_____
_____
_____
_____
_____
_____
_____
_____

5

Erstelle eine Liste deiner Stärken und Schwächen.

_____
_____
_____
_____
_____
_____
_____
_____

6

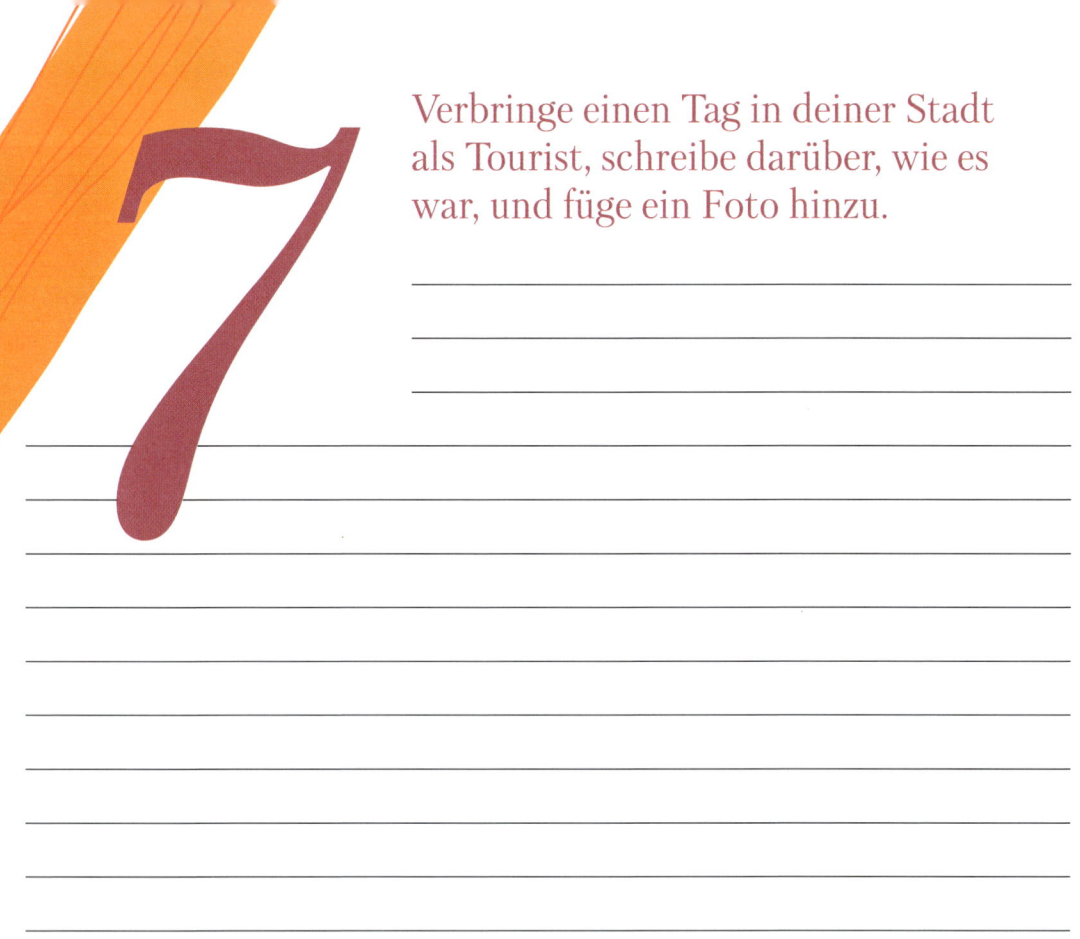

7

Verbringe einen Tag in deiner Stadt als Tourist, schreibe darüber, wie es war, und füge ein Foto hinzu.

_____

_____

_____

_____

_____

_____

_____

_____

_____

_____

_____

_____

_____

13

FOTO

8

Besuche einen wunderschönen Bergsee.

_____
_____
_____
_____
_____
_____
_____
_____

Mache eine Achterbahnfahrt in einem Freizeitpark.

_____
_____
_____
_____
_____
_____
_____
_____

9

10

Verbringe eine Woche offline.

_____
_____
_____
_____
_____
_____
_____
_____

Genieße eine Fahrt mit einem Traktor und
habe einfach Spaß!

11

_____
_____
_____
_____
_____
_____
_____

Mache eine Heißluftballonfahrt.

12

_____
_____
_____
_____
_____
_____
_____
_____

Lerne ein Instrument.

13

_____
_____
_____
_____
_____
_____
_____
_____

Backe aus Spaß eine Hochzeitstorte und
dekoriere sie.

_____

_____

_____

_____

_____

_____

_____

14

Schreibe eine Liste mit positiven
Affirmationen und lies jeden Tag eine davon.

_____

_____

_____

_____

_____

_____

_____

15

16

Stelle selbst ein Lebensmittel her, zum
Beispiel Marmelade oder Kimchi.

_____

_____

_____

_____

_____

_____

_____

Verzichte einen Tag auf Technologie.

_____

_____

_____

_____

_____

_____

_____

17

Schreibe und versende eine Flaschenpost.

_____

_____

_____

_____

_____

_____

_____

_____

18

Lerne einen neuen Tanzschritt.

_____

_____

_____

_____

_____

_____

_____

19

20

Besuche eines der sieben Weltwunder. Möglicherweise möchtest du sie alle besuchen. Füge ein Foto ein und notiere die wichtigsten Eindrücke.

_____

_____

_____

_____

_____

_____

_____

_____

_____

_____

FOTO

21

Verbringe eine Nacht in einem luxuriösen Hotel und genieße deinen Aufenthalt in vollen Zügen. Klebe ein Foto ein, um diesen besonderen Moment festzuhalten und teile deine Eindrücke.

FOTO

Geh in eine Karaoke-Bar und singe.

_____
_____
_____
_____
_____
_____
_____

22

Vergrabe eine Zeitkapsel mit Dingen, die dir wichtig sind.

_____
_____
_____
_____
_____
_____
_____

23

24

Lebe eine Woche lang vegetarisch.

_____
_____
_____
_____
_____
_____
_____

Versuche, einen alten Freund wiederzufinden,
den du aus den Augen verloren hast.

_____
_____
_____
_____
_____
_____
_____

25

Besuche ein Konzert.

26

_____
_____
_____
_____
_____
_____
_____
_____

Schreibe ein Gedicht oder einen Songtext.

_____
_____
_____
_____
_____
_____
_____
_____

27

28

Unternimm einen Ausflug zu einem spirituellen Ort.

_____
_____
_____
_____
_____
_____
_____

Besuche einen Selbstverteidigungskurs.

_____
_____
_____
_____
_____
_____
_____
_____

29

Besuche ein Naturreservat oder einen Nationalpark.

30

_____
_____
_____
_____
_____
_____
_____

Lege ein eigenes Gemüse- oder Blumenbeet an.

_____
_____
_____
_____
_____
_____
_____

31

Koche ein Menü für deine Freunde.

32

_____
_____
_____
_____
_____
_____
_____
_____

Wage einen Fallschirmsprung.

33

_____
_____
_____
_____
_____
_____
_____
_____

34

Nimm an einem Marathon teil oder laufe einen Halbmarathon.

_____
_____
_____
_____
_____
_____

Gestalte einen Tag lang ein Fotoalbum.

_____
_____
_____
_____
_____
_____
_____

35

Nähe selbst ein Kleidungsstück.

_____
_____
_____
_____
_____
_____

Gehe den Jakobsweg oder einen anderen Pilgerweg. Notiere deine wichtigste Erfahrung und füge dein Lieblingsbild ein.

37

FOTO

Verfasse einen Liebesbrief von Hand.

_____
_____
_____
_____
_____
_____
_____
_____

38

Verbringe einen Tag damit, ehrenamtliche Arbeit zu leisten.

_____
_____
_____
_____
_____
_____
_____
_____

39

Beginne damit, ein Dankbarkeitstagebuch zu führen.

40

_____
_____
_____
_____
_____
_____
_____
_____

Organisiere einen Filmabend mit Freunden.

_____
_____
_____
_____
_____
_____
_____

41

Versuche einen Tag lang ausschließlich positiv zu denken.

42

_____
_____
_____
_____
_____
_____

Lerne ein Kunsthandwerk, wie beispielsweise Töpfern.

_____
_____
_____
_____
_____
_____
_____
_____

43

27

Erstelle ein Moodboard für all deine Träume.

44

_____
_____
_____
_____
_____
_____
_____
_____

Verbringe einen Tag damit, Dankesbriefe an
Menschen zu schreiben, die dir wichtig sind.

45

_____
_____
_____
_____
_____
_____
_____
_____

Geh auf ein Konzert und stehe in der ersten Reihe.

46

_____
_____
_____
_____
_____
_____
_____
_____

Besuche einen Bauernmarkt und kaufe
frische Lebensmittel.

_____
_____
_____
_____
_____
_____
_____

47

Verteile einen Tag lang nur Komplimente.

48

_____
_____
_____
_____
_____
_____
_____
_____

Nimm ein altes Hobby wieder auf.

_____
_____
_____
_____
_____
_____
_____
_____

49

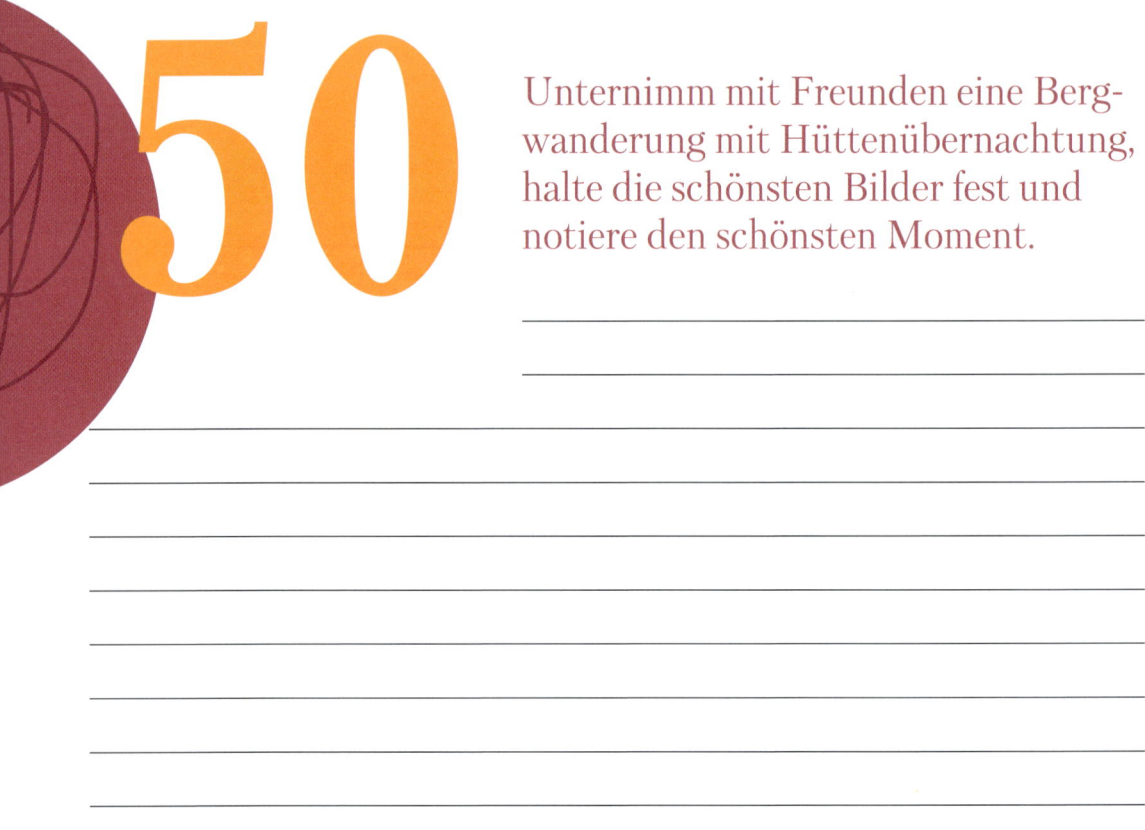

50

Unternimm mit Freunden eine Berg-
wanderung mit Hüttenübernachtung,
halte die schönsten Bilder fest und
notiere den schönsten Moment.

_____

_____

_____

_____

_____

_____

_____

_____

_____

_____

FOTO ————————————————————————

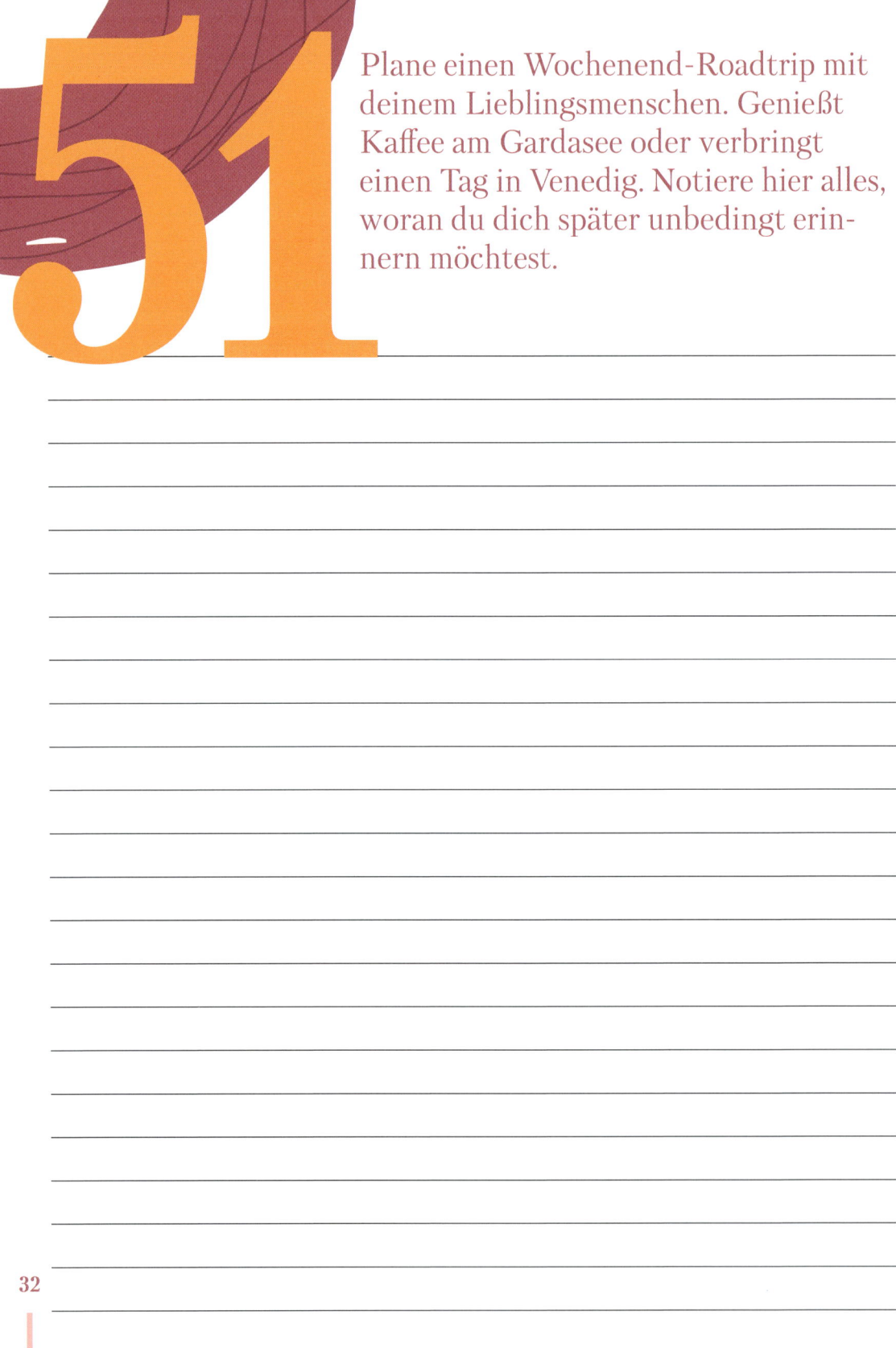

51

Plane einen Wochenend-Roadtrip mit deinem Lieblingsmenschen. Genießt Kaffee am Gardasee oder verbringt einen Tag in Venedig. Notiere hier alles, woran du dich später unbedingt erinnern möchtest.

52

Besuche einen Workshop für Fotografie.

_____

_____

_____

_____

_____

_____

_____

Verbringe einen Tag im Spa mit Massagen.

_____

_____

_____

_____

_____

_____

_____

_____

53

Besuche ein Freiluftkino entweder alleine oder in Begleitung von Freunden.

_____

_____

_____

_____

_____

_____

_____

54

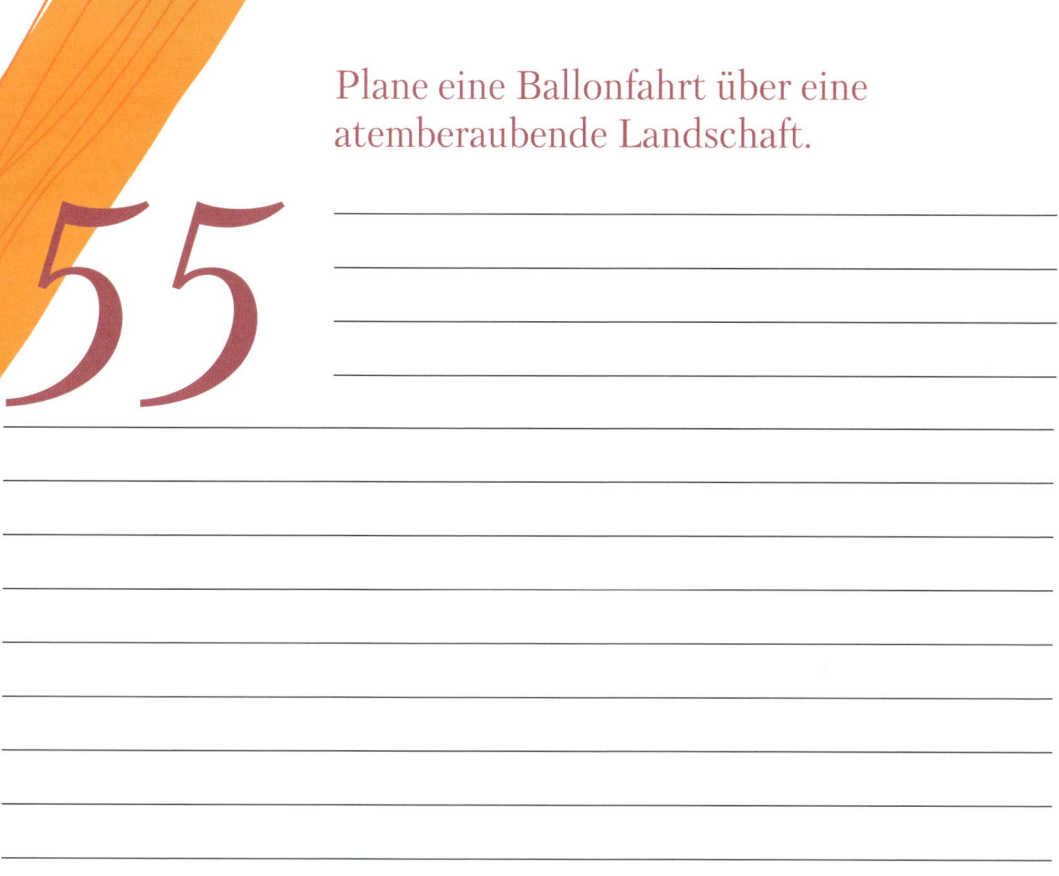

55

Plane eine Ballonfahrt über eine
atemberaubende Landschaft.

56

Unternimm eine Nachtwanderung.

_____
_____
_____
_____
_____
_____
_____
_____

Besuche einen Tanzkurs.

_____
_____
_____
_____
_____
_____
_____
_____

57

58

Lerne einen Handstand.

_____
_____
_____
_____
_____
_____
_____
_____
_____

Springe nackt in einen Badesee.

59

Bemale eine Leinwand, ohne darüber nachzudenken.

60

Teste eine extravagante Beauty-Behandlung, zum Beispiel das Tragen einer Goldmaske.

61

62

Mache eine Feng-Shui-Analyse und optimiere deine Wohnräume.

_____
_____
_____
_____
_____
_____
_____

Stelle eine Bucket-List für zukünftige Reisen zusammen.

_____
_____
_____
_____
_____
_____
_____
_____

63

64

Lies die Top-10-Klassiker der Weltliteratur.

_____
_____
_____
_____
_____
_____
_____
_____
_____

Lerne online eine neue Sprache.

_____
_____
_____
_____
_____
_____
_____
_____

65

Lies eine Biographie über eine inspirierende Persönlichkeit.

66

_____
_____
_____
_____
_____
_____
_____
_____

Nimm an einer Wildwasser-Rafting-Tour teil.

_____
_____
_____
_____
_____
_____
_____
_____

67

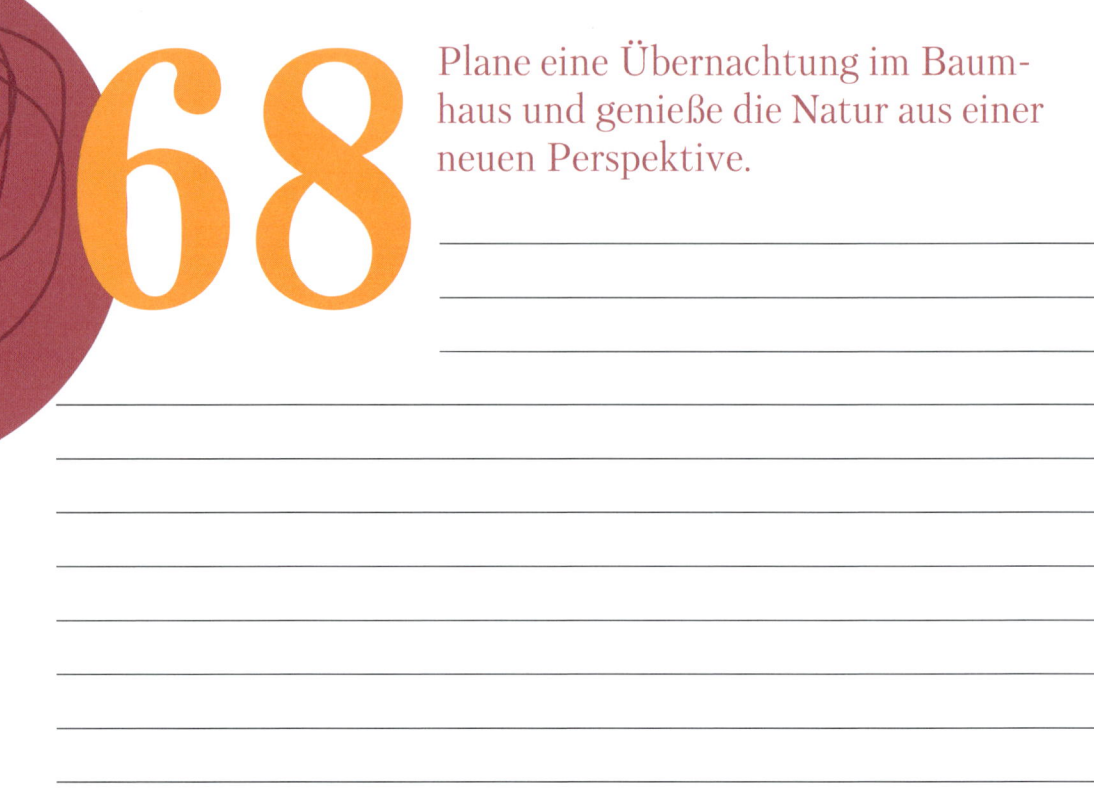

68

Plane eine Übernachtung im Baumhaus und genieße die Natur aus einer neuen Perspektive.

_____

_____

_____

_____

_____

_____

_____

_____

_____

_____

_____

_____

_____

FOTO

69

Mache einen Kochwettbewerb mit Freunden und bewertet gegenseitig eure Gerichte.

_____
_____
_____
_____
_____
_____
_____
_____
_____
_____
_____
_____

FOTO

Schreibe einen Liebesbrief an dich selbst.

70

_____

_____

_____

_____

_____

_____

Starte ein Gartenprojekt und baue Kräuter, Gemüse oder Blumen an.

71

Erstelle einen Sparplan für deine Zukunft.

72

Lies jeden Tag einen inspirierenden
Artikel oder Blogbeitrag.

_____

_____

_____

_____

_____

_____

73

Schreibe einen Roman oder eine Kurzgeschichte und nimm
an einem Schreibwettbewerb teil.

74

_____

_____

_____

_____

_____

_____

_____

Beginne damit, ein Tagebuch zu führen.

_____

_____

_____

_____

_____

_____

_____

75

78 Nimm an einem Outdoor-Abenteuerkurs teil.

_____
_____
_____
_____
_____
_____
_____
_____

Nimm an einem Kalligrafie-Workshop teil und lerne, schöne Schriftzüge zu erstellen.

79

_____
_____
_____
_____
_____
_____
_____

80 Besuche einen Zumba-Kurs.

_____
_____
_____
_____
_____
_____
_____
_____

Lerne, wie man Cocktails mixt und
veranstalte eine Cocktail-Party.

_____

_____

_____

_____

_____

_____

_____

81

Besuche eine Kunstausstellung und kaufe ein Gemälde, das
dich besonders anspricht, sofern dies möglich ist.

82

_____

_____

_____

_____

_____

_____

_____

Mache eine Bootstour.

_____

_____

_____

_____

_____

_____

_____

_____

_____

83

84

Nimm an einem Karate- oder Kickboxkurs teil.

_____
_____
_____
_____
_____
_____
_____

Besuche einem Escape-Room und löse die Rätsel, um zu entkommen.

85

_____
_____
_____
_____
_____
_____
_____

Lege ein Glücksglas an, in dem du auf kleinen Zetteln Glücksmomente sammelst.

86

_____
_____
_____
_____
_____
_____

87

Plane eine Reise zu den Polarlichtern und beobachte dieses natürliche Phänomen.

FOTO

Unternimm eine Wanderung zu einem Wasserfall und genieße ein erfrischendes Bad, sofern es sicher ist.

88

_____

_____

_____

_____

_____

Nimm an einem Weinlesefest teil und hilf bei der Ernte der Trauben.

_____

_____

_____

_____

_____

_____

_____

89

90

Gehe auf ein Musikfestival.

_____

_____

_____

_____

_____

_____

_____

Organisiere eine Pyjamaparty.

_____
_____
_____
_____
_____
_____
_____
_____

91

Nimm an einem Wochenend-Retreat teil, um Meditation und
Achtsamkeit zu praktizieren.

92

_____
_____
_____
_____
_____
_____
_____

Probiere ein neues Restaurant oder Café aus.

_____
_____
_____
_____
_____
_____
_____
_____

93

94

Plane eine Fotosafari und mache Fotos von der Natur.

_____
_____
_____
_____
_____
_____
_____

Mache eine Fahrt mit einem Doppeldeckerbus.

95

_____
_____
_____
_____
_____
_____
_____

96

Sortiere aus und verkaufe die aussortierten Sachen auf dem Flohmarkt.

_____
_____
_____
_____
_____
_____

Besuche einen Indoor-Kletterpark und teste deine Geschicklichkeit an den Kletterwänden.

97

_____
_____
_____
_____
_____
_____

Besuche eine Alpakafarm und mache einen Spaziergang mit den niedlichen Tieren.

98

_____
_____
_____
_____
_____
_____
_____

Nimm an einem Stand-up-Paddleboard-Kurs teil und paddle auf einem See oder Fluss.

99

_____
_____
_____
_____
_____
_____
_____

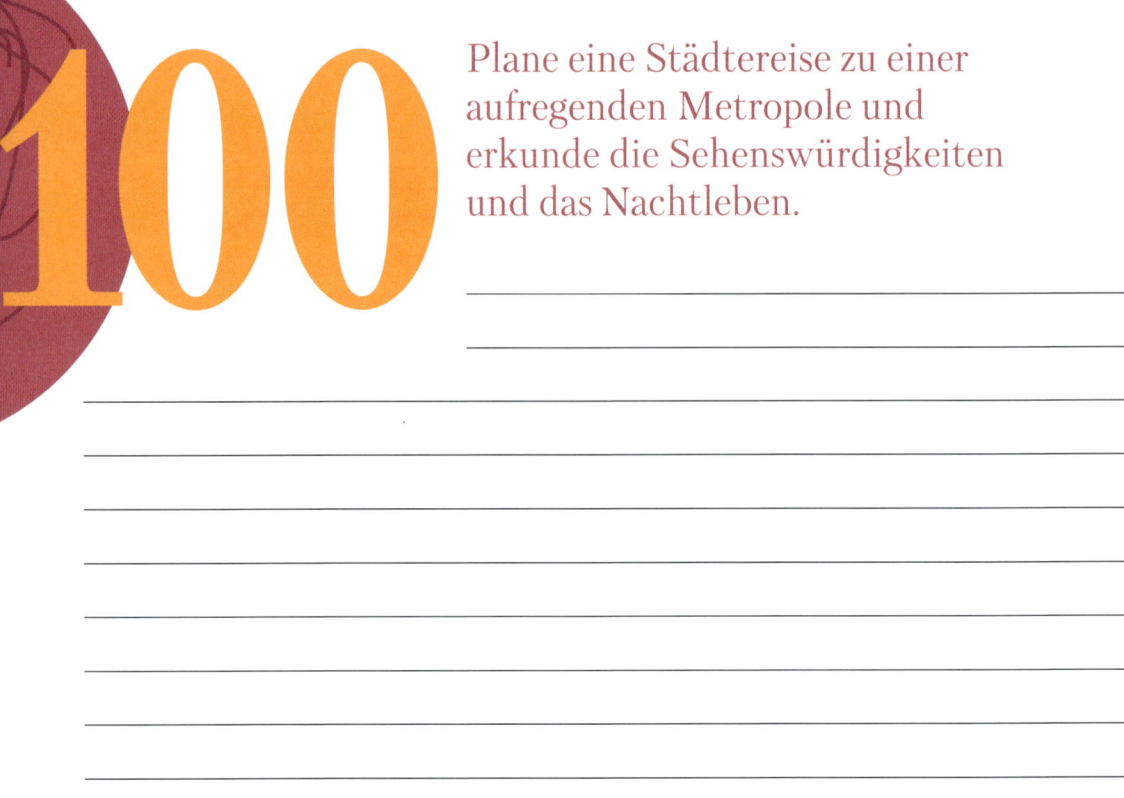

100

Plane eine Städtereise zu einer aufregenden Metropole und erkunde die Sehenswürdigkeiten und das Nachtleben.

101

102

103

107

108

109

56

110

FOTO

Notizen

 *& Erinnerungen*

Das Leben ist wie eine Reise, genieße die
Aussicht auf dem Weg.

Notizen

& Erinnerungen

Die schönsten Momente im Leben sind die,
die uns die Luft nehmen.

Notizen

& Erinnerungen

Die größten Abenteuer beginnen oft mit
einem einzigen mutigen Schritt.

Notizen

& Erinnerungen

Die Erinnerung ist das einzige Paradies, aus
dem wir nicht vertrieben werden können.
Jean Paul

Notizen

& Erinnerungen

Nur wer sein Ziel kennt, findet den Weg.
Laozi

FOTO

Notizen

& Erinnerungen

Die wertvollsten Erinnerungen sind
diejenigen, die wir sammeln, während wir
nach Freiheit streben.

Notizen

& Erinnerungen

Das Leben ist wie ein Abenteuer, das darauf
wartet, erlebt zu werden.

Notizen

& Erinnerungen

Die größten Momente im Leben
sind diejenigen, die uns dazu bringen,
die Zeit zu vergessen.

Notizen

& Erinnerungen

Erlebnisse sind wie die Sterne am Himmel -
unendlich und voller Schönheit.

.

Notizen

& Erinnerungen

Abenteuer beginnen, sobald wir uns
entscheiden, sie zu erleben.

Notizen

& Erinnerungen

In jedem Moment steckt eine
unendliche Möglichkeit.

FOTO

Notizen

& Erinnerungen

Erinnerungen sind der Schatz, den wir aus
dem Leben sammeln.

FOTO

Notizen

& Erinnerungen

Das Leben ist wie ein Buch.
Wer nie reist, liest nur eine Seite.

FOTO

Notizen

& Erinnerungen

Man lebt nur einmal, aber wenn man es
richtig macht, genügt einmal.

FOTO

Notizen

 & *Erinnerungen*

Lebe das Leben, von dem du träumst.

Notizen

& Erinnerungen

Die Zeit vergeht, aber die
Erinnerungen bleiben.

Notizen

& Erinnerungen

Gefühle sind wie ein Sonnenaufgang.
Sie bringen Licht in die dunkelsten Stunden.

Notizen

& Erinnerungen

Lächle der Welt zu,
und die Welt lächelt zurück zu dir.